Introduzione	3
Primo capitolo: i parchi di Disneyland Paris	4
Disney Village	6
Disneyland Park	9
Main Street U.S.A.	11
Discoveryland	18
Fantasyland	29
Adventureland	40
Frontierland	49
Walt Disney Studios Park	56
Front Lot	58
Toon Studio	62
Worlds of Pixar	65
Production Courtyard	73
Marvel Avengers Campus	76
Secondo capitolo: gli Hotel	83
Disneyland Hotel (5 stelle, $$$$)	85
Disney Hotel New York – The Art of Marvel (4 stelle, $$$)	86
Disney Newport Bay Club (4 stelle, $$$)	87
Disney Sequoia Lodge (3 stelle, $$)	88
Disney Hotel Cheyenne (3 stelle, $$)	89
Disney Hotel Santa Fe (2 stelle, $)	90
Hotel non Disney	91
Terzo capitolo: come arrivare	93
Raggiungere Disneyland Paris dall'aeroporto	94
Raggiungere Disneyland Paris con il treno dall'Italia	97

    Raggiungere Disneyland Paris da Parigi _____ 98

Quarto capitolo: prenotare il soggiorno e utilizzare l'applicazione _____ 99

    Prenotare i biglietti _____ 100

    Prenotare il soggiorno in un Hotel Disney _____ 101

    Prenotare i ristoranti _____ 103
        Mobile order _____ 105

    Utilizzare l'applicazione _____ 106
        Disney Premier Access _____ 106

Introduzione

Mi presento: sono Andrea Berra, un ragazzo appassionato del mondo dei parchi di divertimento ma soprattutto del mondo Disney.

Dopo l'ennesima vacanza e visita al parco Disneyland Paris e Walt Disney Studios, ho deciso di scrivere una guida pratica per poter visitare al meglio il miglior parco d'Europa e organizzarsi nel modo migliore prima della visita.

Immagino che se state acquistando questa guida è perché avete intenzione di recarvi a Disneyland Paris per la prima volta e non volete arrivare impreparati nel luogo più magico della Terra.

Sia che siate alle prime armi oppure già abbastanza esperti, in questa guida vi andrò ad illustrare i miei segreti e trucchi per vivere al meglio la vostra vacanza e come organizzarsi sia all'interno del parco che prima della partenza.

Spero che questa guida possa rendere l'esperienza ancora più magica ed indimenticabile, superando possibili stress legati a prenotazioni e pianificazione.

La guida si basa sulla mia esperienza dovuta alle numerose visite effettuate negli anni presso il parco. Cercherò di essere il più chiaro possibile, entrando nel dettaglio delle informazioni che ritengo siano necessarie per una visita migliore.

Preparate la polvere di stelle e iniziamo l'avventura.
Buona lettura!

I parchi di Disneyland Paris

Per immergersi completamente nel mondo magico di Disneyland Paris bisogna partire dalle basi. In particolare, è necessario conoscere come è strutturato il parco nelle sue zone per sapersi orientare al meglio.

Il parco parigino è in realtà composto da due parchi al suo interno: il classico Disneyland Park e i Walt Disney Studios. A completare l'esperienza, prima di varcare i cancelli di uno dei due parchi e poco distante dagli hotel Disney e dalla stazione del treno o dei bus, è presente anche il Disney Village.

Disney Village

Il Disney Village è situato tra gli Hotel Disney e i due parchi.

Questo complesso comprende diversi negozi e ristoranti non solo Disney. In questa zona, infatti, potrete trovare diversi negozi di merchandising Disney, tra cui il più grande e fornito Disney Store presente all'interno dei due parchi: *World of Disney*.
Sono presenti anche diversi ristoranti e locali perfettamente tematizzati, anche se non in tema Disney, come *Annette's Diner* e il *Rainforest Cafe*.

Troverete poi la lista completa di negozi e ristoranti all'interno dell'applicazione oppure all'interno della mappa fisica.

Negli anni di visite ho potuto provare un po' tutte le tipologie di ristoranti presenti. I miei preferiti sono il *Rainforest Cafe* per l'ambientazione, mentre *Annette's Diner* offre colazioni e hamburger americani ottimi.
Per una ristorazione più rapida sono presenti anche *Five Guys*, *McDonald's* e *The Earl of Sandwich*.

È previsto un completo rinnovamento del Disney Village nei prossimi anni, con l'apertura di nuovi ristoranti ed esperienze che lo renderanno ancora più magico.

Voglio ricordare che l'ingresso al Disney Village non è legato all'acquisto del biglietti per i parchi né a prenotazioni per gli alberghi.

Questo luogo, quindi, è perfetto per effettuare lo shopping pre-partenza, evitando di portarsi a presso nel parco numerosi sacchetti ingombranti, oppure un luogo dove rilassarsi dopo le lunghe giornate all'interno dei parchi e mangiare in uno dei numerosi ristoranti.

Tips:

per poter risparmiare un po' dalle prenotazioni degli hotel, all'interno del Disney Village è presente un grande *Starbucks* ottimo per le colazioni. Evitando, quindi, di prendere durante la prenotazione la colazione, potrete risparmiare qualcosa che non fa mai male.

Il Disney Village, inoltre, può essere un luogo per immergervi nel mondo Disney, magari nel giorno di arrivo o di partenza (di solito questi giorni coincidono con mezze giornate che sarebbero sprecate all'interno di uno dei due parchi), potendo così effettuare shopping con più tranquillità e mangiare in uno degli ottimi ristoranti.

Disneyland Park

Superati i controlli di sicurezza e il Disney Village potrete varcare i cancelli di uno dei parchi Disney: Disneyland Park e Walt Disney Studios Park.

Partiamo dal parco originale Disney, basato sull'idea del primissimo parco a tema pensato e realizzato da Walt Disney in California: il Disneyland Park.

Prima di entrare nel parco verrette accolti da un'atmosfera magica, anche grazie alle colonne sonore tematizzate e dall'imponente Hotel Disneyland. Questo hotel, in cui ho avuto la fortuna di soggiornare alcune volte, è il più esclusivo del parco. Esso, infatti, si trova direttamente all'interno di esso e offre alcuni vantaggi che però andremo a scoprire nel capitolo dedicato.

Il parco aprì il 12 aprile del 1992 con un grande evento di inaugurazione trasmesso in tutto il mondo sotto il nome di Euro Disneyland, che poi divenne negli anni Disneyland Resort Paris e infine Disneyland Paris.
Questo parco va a riprendere la struttura e le aree tematiche dei classici parchi Disney sparsi per il mondo con attrazioni simili ma comunque con dei tratti distintivi, unici per ogni parco.

Main Street U.S.A.

Tornando a noi, una volta entrati all'interno del parco vi ritroverete nella Main Street U.S.A., in particolare in *Town Square*. Questa piazza e il lungo viale che portano al castello della Bella Addormentata ricreano l'atmosfera delle piccole città americane all'inizio del XX secolo in stile vittoriano e ricalcano la città natale di Walt Disney.

In questa zona del parco sono presenti numerosi negozi e punti ristoro, ideali per prendersi un momento di pausa ed assaporare una bevanda calda, fredda oppure degli ottimi dolci o spuntini.
In Main Street U.S.A. è presente anche uno dei ristoranti più esclusivi del parco *Walt's – an American restaurant,* uno dei negozi più forniti del parco *Emporium* e persino un parrucchiere *Dapper Dan's Hair Cuts*.

Lungo Main Street potrete notare dei nomi presenti sulle finestre dei vari negozi e botteghe. Questi nomi rappresentano coloro che hanno partecipato alla realizzazione e costruzione di questo parco, i cosiddetti Disney Imagineers, coloro che pensano e realizzano le varie attrazioni per i parchi Disney sparsi per tutto il mondo.

Una volta percorsa tutta la via, vi ritroverete in *Central Plaza* il crocevia del parco: da questa piazza, infatti, è possibile raggiungere tutte le land del parco: *Discoveryland, Fantasyland, Adventureland* e *Frontierland*.

Tips:

per evitare il "traffico" e sovraffollamento che ci potrebbe essere nella via principale di Main Street U.S.A. vi consiglio di utilizzare i passaggi laterali *Liberty Arcade* e

Discovery Arcade che vi porteranno in un lampo in *Central Plaza*. Inoltre, offrono l'ingresso ai vari negozi presenti sulla via principale e anche uno spazio dove sedersi per sfuggire dal caos. Io di solito utilizzo questi passaggi quando ci sono le parate oppure quando devo raggiungere una delle land velocemente come Discoveryland o Frontierland.

Attrazioni

In questa zona non sono presenti delle vere e proprie attrazioni ma possono essere considerate più delle esperienze.

In *Town Square* è presente anche la stazione principale del *Disneyland Railroad,* il treno a vapore che percorre tutto il parco e che ferma in ogni stazione presente all'interno delle diverse land. Il treno, grande passione di Walt Disney, può essere utilizzato come mezzo di trasporto per spostarsi velocemente da una zona all'altra senza fare fatica ed è a tutti gli effetti anche un'attrazione sia per l'esperienza che regala, ma anche per il percorso che effettua.

All'interno di *Liberty Arcade* è presente *Statue of Liberty Tableau* una mostra sulla Statura della Libertà e in *Discovery Arcade* è presente una mostra sugli inventori del XIX secolo.

Da *Town Square*, inoltre, è possibile saltare a bordo di uno dei mezzi d'epoca sia a motore che trainati da cavalli per un giro in Main Street U.S.A.: un'esperienza d'altri tempi.

Ristoranti

I ristoranti presenti all'interno di Disneyland Park e di Walt Disney Studios sono suddivisi in tre categorie: servizio al tavolo (€€€), buffet a volontà (€€) e ristorazione rapida (€).

I ristoranti con servizio al tavolo sono i ristoranti che permettono di ordinare alla carta le pietanze più ricercate e i menù più particolari studiati e realizzati dagli chef di Disneyland Paris e sono anche quelli più cari. In questi ristoranti è molto consigliata dal sottoscritto la prenotazione poiché si rischia di non trovare posto senza di essa; il processo di prenotazione verrà illustrato in seguito nel capitolo dedicato.

I ristoranti con buffet a volontà permettono, con una spesa fissa per il menù, di mangiare quello che si vuole e quanto si vuole dal buffet messo a disposizione. Anche in questi ristoranti consiglio di prenotare per evitare di non potersi sedere e godersi l'esperienza.

Infine, i ristoranti con ristorazione rapida sono quelli maggiormente diffusi all'interno dei parchi e non necessitano di prenotazione. In alcuni di essi è possibile prenotare in anticipo il cibo per il pick-up, evitando le possibili code negli orari di punta e non solo.

Migliori ristoranti

Walt's – an American restaurant (servizio al tavolo, €€€)

Cucina francese/americana, situato circa a metà di Main Street. In questo ristorante entrerete nella dimora di Walt Disney per provare piatti prelibati all'interni di sale dedicate alle varie aree tematiche del parco.

Plaza Gardens Restaurant (buffet a volontà, €€)

Buffet vario con diverse tipologie di cibo, molto completo (uno dei miei ristoranti preferiti), si trova in Central Plaza e richiama il tema vittoriano. Con un prezzo fisso è possibile mangiare quello che si vuole quante volte si vuole.

Casey's Corner (ristorazione rapida, €)

Fast food che offre ottimi hot dog e cibo americano, tema ispirato al baseball, si trova alla fine di Main Street.

Show

Central Plaza è anche il luogo migliore dove godersi lo spettacolo di proiezioni, luci e fuochi d'artificio *Disney Illuminations* e il nuovissimo show di droni realizzato appositamente per i 30 anni del parco *Disney D-Light*.

In particolare, lo show *Disney D-Light* si svolge circa dieci minuti prima dello show principale *Disney Illuminations*. Il nuovo show, realizzato per i 30 anni del parco, non dovrebbe essere permanente ma non sappiamo fino a quando sarà disponibile.

Dopo questo breve pre-show, inizierà il famoso show di proiezioni, luci e fuochi d'artificio *Disney Illuminations* che si svolgerà direttamente sul castello della Bella Addormentata. Non vi svelo niente ma, secondo me, è una delle esperienze più magiche ed emozionanti che potrete vivere all'interno del parco e vi consiglio di vederlo perché ne vale assolutamente la pena.
Il tema di questo spettacolo varia durante l'anno e si adatta alle varie festività come Halloween e Natale.

Il luogo perfetto per godere al meglio la parata *Disney Stars on Parade* e le altre parate possibili durante l'anno e durante le festività è *Central Plaza*. Le parate, di solito, partono da *Fantasyland* e percorrono *Central Plaza* e tutta Main Street fino a *Town Square*. La parata comprende diversi carri ispirati ai più famosi cartoni e cortometraggi della storia di Disney e della Pixar. È un'ottima occasione per vedere molti personaggi che si destreggiano in danze e balli a ritmo di musica.

Vi consiglio comunque di consultare sempre l'applicazione nella sezione del Calendario e degli orari per verificare che parate e show sono disponibili nei giorni della vostra visita e gli orari di inizio.

Tips:

Lo spettacolo sul castello è molto atteso dagli ospiti di Disneyland Paris e quindi ci sarà molta affluenza. Per questo, nonostante inizi alla chiusura del parco, non presentatevi a quell'ora per vedere lo spettacolo poiché non troverete posto.
Io vi consiglio, in base chiaramente agli orari dello spettacolo che variano rispetto all'orario di chiusura del parco, di mangiare abbastanza presto per cena e poi, circa un'ora prima dell'inizio dello spettacolo, di posizionarvi in *Central Plaza* così da godere al meglio dello spettacolo. Nell'attesa, magari, potete rilassarvi un po' dopo la lunga giornata all'interno del parco oppure sgranocchiare dei pop-corn e degli ottimi dolci offerti dai carretti presenti nella piazza.

Discoveryland

Ora che siamo giunti in Central Plaza e ci troviamo ai piedi del bellissimo castello della Bella Addormentata, possiamo dirigerci in una delle quattro land presenti nel parco. Tutte le land sono facilmente raggiungibili da Central Plaza.
Come prima land partirei con quella che si trova subito alla vostra destra e sto parlando di *Discoveryland*.

Quest'area ha uno stile che richiama il futuro e l'innovazione. Questa zona, che solo a Disneyland Paris si chiama in questo modo poiché negli altri parchi Disney nel mondo prende il nome di Tomorrowland, è stata pensata per rappresentare come grandi personaggi e sognatori del passato come Jules Verne o del presente come George Lucas vedevano il futuro.

Attrazioni

In quest'area sono presenti sei attrazioni di diversa tipologia con alcune di esse che sono storiche per i parchi Disney come Space Mountain e Autopia ma andiamo con ordine e analizziamole una per una.

Buzz Lightyear Laser Blast (per famiglie)

In questa attrazione, che si trova appena entrati nella land da Central Plaza, vi ritroverete a prendere i panni di uno space rager, come Buzz Lightyear, per sconfiggere il potente Zurg. Ovviamente, come avete intuito, l'attrazione prende ispirazione dal mondo di Toy Story e in particolare dal secondo film. Questa attrazione è adatta a tutti ed è sempre divertente: tramite una pistola laser dovrete colpire dei bersagli, con punteggi diversi, sparsi per tutto il percorso cercando di battere il vostro compagno di veicolo oppure i vostri amici e familiari. Sul veicolo è possibile salire in solitaria oppure in coppia e vi permetterà, tramite un joystick, di potervi muovere di 360° per colpire al meglio ogni tipo di bersaglio e i punti sono mostrati su un piccolo display davanti ad ogni giocatore. Qui non si gioca in coppia ma ogni punteggio è indipendente quindi buona sfida e buon divertimento space rangers.

Tips:

se l'attrazione rallenta o si ferma per qualche istante continuate a sparare i bersagli perché le pistole rimarranno attive e potrete così superare facilmente il punteggio del vostro compagno di veicolo, amici o familiari.

Orbitron (per i più piccoli)

L'attrazione si trova praticamente al centro dell'area e consiste in una giostra aerea in cui, all'interno di navicelle spaziali, sarà possibile salire e scendere a piacimento con un joystick mentre si ruota attorno ai pianeti centrali.

Tips:

questa attrazione ha spesso tempi di attesa abbastanza lunghi poiché ha una portata oraria abbastanza bassa visto che può caricare di volta in volta non molte persone. Se volete farla senza troppa coda, consiglio di farla subito appena entrati nel parco, chiaramente se decidete di partire con l'esplorazione del parco da questa area.

Autopia (per famiglie)

Proseguendo a destra di Orbitron troviamo Autopia. Questa è una delle attrazioni storiche presenti nei parchi Disney e pensata dallo stesso Walt Disney per il primo parco californiano. In pratica, a bordo di auto futuristiche, secondo l'idea degli anni '50, è possibile percorrere un percorso simulando la guida. Questa attrazione è molto divertente per i bambini perché possono provare la sensazione di guidare ma senza pericolo di sbandare poiché le macchine seguono comunque un percorso guidato da dei binari.

Tips:

se i vostri bambini sono alti almeno 132 cm possono guidare in autonomia l'auto. Per i bambini alti almeno 81 cm possono guidare accompagnati da una persona alta almeno 132 cm. Anche in questa attrazione le code durante la giornata possono diventare molto lunghe per via della bassa portata oraria per cui consiglio di farla tra le prime attrazioni della vostra visita.

Les Mystères du Nautilus (per famiglie)

Subito dietro Orbitron troviamo una avventura dedicata al Capitano Nemo, personaggio ideato da Jules Verne. In questa attrazione potrete visitare a piedi il sottomarino del Capitano in tutte le sue stanze ed assistere all'attacco da parte del calamaro gigante.

Tips:

in questa attrazione non c'è mai coda ed è perfetta, soprattutto in estate, per rilassarsi un attimo e stare un po' al fresco.

Star Wars Hyperspace Mountain (emozioni forti)

Subito accanto a Les Mystères du Nautilus troviamo una delle attrazioni più caratteristiche dei parchi Disney nel mondo e una delle più adrenaliniche all'interno del Disneyland Park e sto parlando di Space Mountain. Questa è una delle mie attrazioni preferite all'interno del parco sia per l'adrenalina che riesce a regalare sia per la tematizzazione e l'ambientazione. Durante gli anni ha subito diverse modifiche ai temi e agli effetti interni fino ad arrivare al tema legato a Star Wars. Tramite dei treni a forma di navicelle verrete sparati letteralmente da un grosso cannone nello spazio per vivere la lotta tra la Resistenza e l'Impero. Per gli amanti di Star Wars è perfetta per entrare a far parte di quel mondo grazie ad effetti speciali e musiche. Ovviamente si tratta di una montagna russa con diverse inversioni, giro della morte e sballottamenti vari quindi magari non adatta a tutti.

Tips:

questa è una delle attrazioni più richieste del parco e quindi è possibile trovare code lunghe. Per evitare di attendere troppo tempo, soprattutto d'estate sotto il sole della coda esterna, vi consiglio di utilizzare la coda Single Line che vi porterà direttamente sulla banchina di carico in poco tempo (ricordo che però in questa fila i vari membri verranno divisi in diversi treni per completare i posti e quindi non ideale se volete farla tutti insieme). Io la utilizzo spesso, riuscendo a superare tutte le persone nella fila normale e facendo sicuramente meno coda. È presente anche la possibilità di utilizzare il servizio a pagamento Disney Premier Access che approfondiremo successivamente.

Star Tours: l'Aventure Continue (emozioni forti)

Rimanendo sempre nel tema di Star Wars, ecco un'altra delle mie attrazioni preferite. In questa avventura sarete catapultati all'interno del mondo di Star Wars e in particolare all'interno di uno spazio porto in attesa di salire su una nave spaziale che vi porterà su un pianeta all'interno della galassia. Tramite un simulatore di volo potrete vivere un'esperienza adrenalinica come passeggeri dello Starspeeder 1000 con alla guida un pasticcione C-3PO. Le combinazioni di missioni sono tantissime e quindi, anche se la rifarete più di una volta, sarà come farla per la prima volta.

Tips:

questa attrazione ha una coda molto tematizzata e completamente coperta quindi è perfetta nelle calde giornate estive o nelle fredde giornate invernali per ripararsi un po'.

Ristoranti

I ristoranti presenti all'interno di Disneyland Park e di Walt Disney Studios sono suddivisi in tre categorie: servizio al tavolo (€€€), buffet a volontà (€€) e ristorazione rapida (€).

I ristoranti con servizio al tavolo sono i ristoranti che permettono di ordinare alla carta le pietanze più ricercate e i menù più particolari studiati e realizzati dagli chef di Disneyland Paris e sono anche quelli più cari. In questi ristoranti è molto consigliata dal sottoscritto la prenotazione poiché si rischia di non trovare posto senza di essa; il processo di prenotazione verrà illustrato in seguito nel capitolo dedicato.

I ristoranti con buffet a volontà permettono, con una spesa fissa per il menù, di mangiare quello che si vuole e quanto si vuole dal buffet messo a disposizione. Anche in questi ristoranti consiglio di prenotare per evitare di non potersi sedere e godersi l'esperienza.

Infine, i ristoranti con ristorazione rapida sono quelli maggiormente diffusi all'interno dei parchi e non necessitano di prenotazione. In alcuni di essi è possibile prenotare in anticipo il cibo per il pick-up, evitando le possibili code negli orari di punta e non solo.

Migliori ristoranti

Café Hyperion (ristorazione rapida, €)

All'interno del teatro Videopolis si trova il fast food più grande di tutto il parco Disneyland Park. Questo ristorante offre molti posti a sedere e quindi è sempre facile trovare posto. I menù offrono Hamburger classici o edizioni speciali, come anche insalate miste.

Tips:

ottimo luogo per prendersi una pausa dalla frenesia del parco, per riposarsi un po' sorseggiando una bibita nelle calde giornate estive o nelle fredde o piovose giornate invernali.

Show e incontro con i personaggi

Topolino e la sua orchestra FilarMagica

Questo show, adatto a tutta la famiglia, si trova nel teatro alle spalle di *Star Wars Hyperspace Mountain*. Grazie a degli occhiali 3D sarà possibile assistere ad uno show in 4D sull'animazione dei classici Disney.

Starport

All'interno dello *Starport*, che si trova a fianco di *Star Tours: l'Aventure Continue,* è possibile incontrare Darth Fener in persona. Sono disponibili incontri anche con altri personaggi della saga di Star Wars, meglio consultare l'applicazione del parco per maggiori informazioni.

Per maggiori informazioni sui personaggi che potrete incontrare e sugli show disponibili vi consiglio sempre di consultare l'applicazione di Disneyland Paris.

Fantasyland

Se da Central Plaza proseguiamo verso il castello della Bella Addormentata, passando direttamente all'interno di esso, raggiungeremo *Fantasyland*. Questa zona è dedicata alle fiabe e ai Classici Disney e ci permette di entrare nel regno della fantasia. In questa zona, infatti, sono presenti attrazioni ed esperienze legate ai grandi Classici dell'animazione Disney che hanno accompagnato ognuno di noi nella propria infanzia come Pinocchio, Biancaneve, Peter Pan, Alice nel paese delle meraviglie ...

A *Fantasyland* anche i grandi ritornano bambini, rivivendo quella spensieratezza fanciullesca magari ormai persa ma sempre presente all'interno di noi.

Attrazioni

Sleeping Beauty Castle (per famiglie)

Il castello della Bella Addormentata, oltre ad essere il simbolo del parco e visibile da ogni land, è esso stesso un'esperienza. Infatti, oltrepassato il ponte è possibile visitare il castello della Principessa Aurora e del Principe Filippo ispirato al cartone La Bella Addormentata nel Bosco. In particolare, nelle stanze superiori, *Le Galerie de la Belle au Bois Dormant,* è possibile ripercorrere attraverso arazzi e vetrate colorate la storia della fiaba.
Al piano terra è presente un negozio un po' particolare che vende decorazioni e addobbi natalizi tutto l'anno e un negozio con oggetti preziosi e di vetro creati al momento davanti ai vostri occhi.

La Tanière du Dragon (per famiglie)

Avete mai incontrato un drago in carne ed ossa? Immagino di no ma nella caverna che si trova al di sotto del castello della Bella Addormentata potrete fare la conoscenza di un drago incatenato e che riposa. Fate attenzione però perché potrebbe svegliarsi.
All'apertura del parco era uno dei più grandi animatronic mai costruito per un parco Disney con una lunghezza di ben 27 metri.

Blanche-Neige et les Sept Nains (Biancaneve e i Sette Nani) (per famiglie)

Appena superato il castello, sulla sinistra, incontriamo l'attrazione di Biancaneve e i Sette Nani. Questa è una delle prime Dark Ride presenti a Fantasyland e racconta la storia del famoso film Disney dove incontreremo i Sette

Nani ma anche la regina cattiva e infine l'incontro con il Principe Azzurro.

Tips:

questa attrazione spesso non ha quasi mai coda e quindi può essere fatta molto velocemente. In periodi di alta affluenza anche questa attrazione ha una coda elevata che viene smaltita molto lentamente per via della bassa portata oraria. Vi consiglio, quindi, di fare altre attrazioni ed esperienze prima di mettervi in coda per questa, a meno che non siate degli appassionati della storia.

Les Voyages de Pinocchio (per famiglie)

Subito a fianco di Biancaneve e i Sette Nani troviamo la seconda Dark Ride di Fantasyland che racconta la famosa storia del burattino di legno Pinocchio. Durante il vostro viaggio potrete incontrare tutti i personaggi più famosa della storia come il Grillo Parlante, la Fata Turchina e il Gatto e la Volpe come anche fare visita al Paese dei Balocchi.

Tips:

questa attrazione spesso non ha quasi mai coda e quindi può essere fatta molto velocemente. In periodi di alta affluenza anche questa attrazione ha una coda elevata che viene smaltita molto lentamente per via della bassa portata oraria. Vi consiglio, quindi, di fare altre attrazioni ed esperienze prima di mettervi in coda per questa, a meno che non siate degli appassionati della storia.

Le Carrousel de Lancelot (per i più piccoli)

La famosa Giostra dei Cavalli, tanto cara a Walt Disney e da cui nacque proprio l'idea di realizzare un parco a tema come Disneyland, si trova quasi al centro della land. Preparatevi a salire in sella ad uno dei numerosi cavalli per un giro indimenticabile.

Tips:

questa attrazione è sempre presente nelle aree di Fantasyland nei vari parchi Disney nel mondo e i cavalli in legno sono stati scolpiti e dipinti a mano.

Peter Pan's Flight (per i più piccoli)

Al confine con Adventureland, troviamo la terza Dark Ride di Fantasyland. In questa attrazione potrete provare a volare, con l'aiuto della polvera magica di Trilli, sopra dei galeoni per raggiungere l'Isola Che Non C'è ed incontrare la ciurma di Capitan Uncino e i Bimbi Sperduti. Una delle più belle attrazioni di questa zona, assolutamente da fare.

Tips:

questa è una delle attrazioni più gettonate di Fantasyland e la coda è spesso sempre molto lunga. Se decidete di esplorare subito questa land vi consiglio di fare questa attrazione per prima. Per saltare un po' di coda in ogni momento della giornata è presente il Disney Premier Access ma è a pagamento.

Dumbo the Flying Elephant (per i più piccoli)

Di fronte a Peter Pan's Flight è presente una delle giostre più classiche di Fantasyland dove potrete prendere il volo sulle spalle di Dumbo. Durante il vostro giro potrete pilotare il volo di Dumbo per farlo salire di quota o volare basso.

Alice's Curious Labyrinth (per i più piccoli)

Alice's Curious Labyrinth è un'attrazione un po' particolare perché si tratta di un vero e proprio labirinto di siepi che vi faranno entrare nel mondo di Alice, passando per la tana del Bianconiglio, per poi incontrare tutte le creature di questo mondo come lo Stregatto, la Regina di Cuori e i soldati carte fino ad arrivare al castello della Regina potendo ammirare Fantasyland dall'alto.

Mad Hatter's Tea Cups (per famiglie)

Sempre per rimanere nel mondo di Alice, potrete partecipare all'ora del tè al tavolo del Cappellaio Matto. A bordo di tazze rotante verrette fatti roteare a ritmo di musica, con la possibilità di girare anche su stessi tramite un disco posto al centro della tazza.

Tips:

questa attrazione è molto suggestiva nelle ore serali quando cala la luce poiché vengono accese delle lanterne poste sul soffitto.

Casey Jr. – le Petit Train du Cirque (per i più piccoli)

Questa attrazione è una montagna russa adatta ai bambini. Tramite il treno di Dumbo si potranno ammirare durante il percorso le abitazioni e le dimore dei film Disney più famosi

Le Pays des Contes de Fèes (per i più piccoli)

Salite a bordo di barche che vi porteranno alla scoperta di fedeli riproduzioni di ambientazioni e dimore dei più famosi film Disney ma in miniatura.

Tips:

i modelli sono stati realizzati a mano con molti dettagli particolari e sono in scala 1:12 rispetto agli originali. Inoltre, il percorso di questa attrazione si intreccia con quello di Casey Jr. – le Petit Train du Cirque.

It's a Small World (per i più piccoli)

Una delle attrazioni più iconiche di questa land e dei parchi Disney nel mondo, It's a Small World vi permetterà di fare un viaggio in barca tra tutti i paesi del mondo, accompagnati dall'iconica canzoncina che non potrete più togliere dalla testa dopo essere usciti da questa attrazione.

Tips:

questa attrazione è una di quelle storiche presenti all'interno dei parchi Disney nel mondo e venne ideata Walt Disney per il padiglione americano dell'esposizione universale di New York del 1964 e, in seguito, installata in cinque parchi Disney nel mondo.

Ristoranti

I ristoranti presenti all'interno di Disneyland Park e di Walt Disney Studios sono suddivisi in tre categorie: servizio al tavolo (€€€), buffet a volontà (€€) e ristorazione rapida (€).

I ristoranti con servizio al tavolo sono i ristoranti che permettono di ordinare alla carta le pietanze più ricercate e i menù più particolari studiati e realizzati dagli chef di Disneyland Paris e sono anche quelli più cari. In questi ristoranti è molto consigliata dal sottoscritto la prenotazione poiché si rischia di non trovare posto senza di essa; il processo di prenotazione verrà illustrato in seguito nel capitolo dedicato.

I ristoranti con buffet a volontà permettono, con una spesa fissa per il menù, di mangiare quello che si vuole e quanto si vuole dal buffet messo a disposizione. Anche in questi ristoranti consiglio di prenotare per evitare di non potersi sedere e godersi l'esperienza.

Infine, i ristoranti con ristorazione rapida sono quelli maggiormente diffusi all'interno dei parchi e non necessitano di prenotazione. In alcuni di essi è possibile prenotare in anticipo il cibo per il pick-up, evitando le possibili code negli orari di punta e non solo.

Migliori ristoranti

Au Chalet de la Marionette (ristorazione rapida, €)

Ristorante con molti posti all'interno che offre piatti ispirati alla cucina bavarese come hot dog, pollo arrostito, hamburger e bretzel. Il tema del ristorante si ispira a quello del mondo di Pinocchio, in particolare ad un villaggio alpino.

Toad Hall Restaurant (ristorazione rapida, €)

Ristorante a tema delle fiabe britanniche, sembra di essere all'interno di un vecchio maniero inglese. In questo ristorante è possibile gustare cibi tipici della cucina inglese come il fish and chips.

Tips:

se siete amanti del fish and chips (come me) vi consiglio di non mangiarlo in questo ristorante ma nel ristorante The Lucky Nugget Saloon a Frontierland.

Auberge de Cendrillon (servizio al tavolo, €€€)

Uno dei ristoranti più prestigiosi presenti all'interno del parco, propone specialità della cucina francese in una ambientazione ispirata a Cenerentola e al mondo delle principesse. In questo ristorante è possibile incontrare dei personaggi mentre si mangia come i principi e le principesse Disney.

Pizzeria Bella Notte (ristorazione rapida, €)

Ristorante ispirato al mondo di Lilli e il Vagabondo, offre specialità italiane come pizza e lasagne oppure pasta. Ora è presente anche una sala, appena inaugurata, dedicata all'Italia e al film Disney-Pixar Luca.

Show e incontro con i personaggi

Meet Mickey Mouse

In questo Meet 'n' Greet con Topolino sarà possibile scattare una foto con lui, scoprendo anche diversi oggetti presenti in molte storie Disney come la piuma di Dumbo o il cappello da mago utilizzato da Topolino in Fantasia. Inoltre, durante l'incontro, Mickey Mouse potrebbe proporvi un gioco di magia. Per maggiori informazioni consultare l'app.

Princess Pavillon

In questo Meet 'n' Greet sarà possibile incontrare e scattare una foto con una delle numerose principesse Disney come Cenerentola, Jasmine, La Bella Addormentata nel Bosco, Belle, Ariel o Elsa. La disponibilità varia e vi consiglio di consultare l'applicazione.

Per maggiori informazioni sui personaggi che potrete incontrare e sugli show disponibili vi consiglio sempre di consultare l'applicazione di Disneyland Paris.

Adventureland

Proseguendo oltre Fantasyland oppure partendo da Central Plaza e dirigendosi verso il varco corrispondente appena a sinistra del castello della Bella Addormentata, possiamo entrare in Adventureland.

Il tema di questa zona è quello legato alle esplorazioni e all'avventura in generale e comprende diverse aree tematiche legate ad Oriente, Africa, India, America del Sud e i Caraibi.

In particolare, l'area orientale riprende il mondo di Aladino ricreando il bazar di una antica città araba; l'area africana è situata al confine con Frontierland e riprende lo stile messicano e africano attraverso il cartone animato Coco e Il Re Leone; l'area indiana è inserita in una vegetazione rigogliosa in cui spunta un vecchio tempio legato alle avventure di Indiana Jones; l'area dell'Almerica del Sud si trova circa nella parte centrale di Adventureland e riprende le avventure dei naufraghi Robinson; la zona caraibica ci trasporta nel mondo dei pirati con le attrazioni di Pirati dei Caraibi e Peter Pan.

Attrazioni

La Cabane des Robinson (per famiglie)

Questa attrazione, in stile walkthrough, ricrea la casa sull'albero realizzata dalla famiglia Robinson dopo che naufragarono su Adeventure Isle. Potrete così scoprire in questo percorso a piedi, salendo fino in cima al grande albero, l'accampamento.

Tips:

questa attrazione solitamente non ha mai coda ed è un buon modo per rilassarsi un attimo dai ritmi frenetici del parco. Inoltre, arrivati in cima si ha una bella visuale sul parco, sul castello della Bella Addormentata e perfino sulla Tower of Terror dei Walt Disney Studios.

La Plage des Pirates (per i più piccoli)

Consiste in un'area giochi per bambini a tema pirati con scivoli, altalene e giochi playground vari per far divertire i vostri bambini. Inoltre, da questa postazione è possibile ammirare l'imponente galeone dei pirati che ricalca il galeone di Capitan Uncino di Peter Pan (magari avrete la fortuna di incontrarlo con il suo fido mozzo Spugna).

Le passage Enchanté d'Aladdin (per i più piccoli)

Vi ricordate la storia di Aladino? Se siete un po' smemorati questa attrazione walkthrough potrà rinfrescarvi la memoria. Infatti, nella zona del bazar arabo è possibile ripercorrere la storia di Aladino attraverso ricostruzioni delle principali scene del film di animazione Disney.

Tips:

questa attrazione è conosciuta ai pochi e quindi non è mai affollata. Inoltre, essendo totalmente al coperto è perfetta per ripararsi dal caldo estivo o dalla pioggia.

Indiana Jones et le Temple du Péril (emozioni forti)

Siete pronti ad intraprendere le orme del più famoso archeologo della storia del cinema? Questa montagna russa è l'attrazione più adrenalinica di Adventureland e vi trasporterà all'interno di un tempio indiano, dopo una fila di attesa molto tematizzata, grazie a dei vagoni da miniera. Riuscirete a sopravvivere al giro della morte?

Tips:

la fila Single Rider vi permette di arrivare alla stazione di carico in pochissimo tempo anche se la fila di attesa classica è molto lunga. Una curiosità: all'inizio l'attrazione viaggiava al contrario e quindi i vagoni viaggiavano all'indietro per un'esperienza veramente adrenalinica. Dopo pochi anni, però, sono stati messi nella direzione corrente e quindi in avanti.

Adventure Isle (per famiglie)

Questa rappresenta una zona molto vasta di Adventureland e comprende una serie di percorsi e di passaggi tra grotte e ponti. In particolare, è composta dalla zona di caverne e cunicoli vicini e all'interno dello Skull Rock e da una zona al di sotto del grande albero de "La Cabane des Robinson". Magari avrete la fortuna di trovare il tesoro dei pirati.

Pirates of the Caribbean (per famiglie)

Forse una delle attrazioni dark ride più iconiche dei parchi Disney e voluta fin dal principio da Walt Disney per Disneyland in California. Tramite delle barche verremo trasportati nel mondo dei pirati e nel bel mezzo di un assalto ad un villaggio dei Caraibi. Riuscirete a scovare Jack Sparrow?

Tips:

se trovate lunghi tempi di attesa non preoccupatevi perché la portata oraria di questa attrazione è molto elevata e quindi non starete molto in coda che, in ogni caso, è al coperto e quindi ottimo riparo dal caldo o dalla pioggia.

Ristoranti

I ristoranti presenti all'interno di Disneyland Park e di Walt Disney Studios sono suddivisi in tre categorie: servizio al tavolo (€€€), buffet a volontà (€€) e ristorazione rapida (€).

I ristoranti con servizio al tavolo sono i ristoranti che permettono di ordinare alla carta le pietanze più ricercate e i menù più particolari studiati e realizzati dagli chef di Disneyland Paris e sono anche quelli più cari. In questi ristoranti è molto consigliata dal sottoscritto la prenotazione poiché si rischia di non trovare posto senza di essa; il processo di prenotazione verrà illustrato in seguito nel capitolo dedicato.

I ristoranti con buffet a volontà permettono, con una spesa fissa per il menù, di mangiare quello che si vuole e quanto si vuole dal buffet messo a disposizione. Anche in questi ristoranti consiglio di prenotare per evitare di non potersi sedere e godersi l'esperienza.

Infine, i ristoranti con ristorazione rapida sono quelli maggiormente diffusi all'interno dei parchi e non necessitano di prenotazione. In alcuni di essi è possibile prenotare in anticipo il cibo per il pick-up, evitando le possibili code negli orari di punta e non solo.

Migliori ristoranti

Captain Jack's – Restaurant des Pirates (servizio al tavolo, €€€)

Ottimo ristorante a base di pesce e cucina creola (l'ho testato personalmente). Vengono offerti diversi menù in base alle portate scelte. Una sua particolarità è anche quella che questo ristorante si trova all'interno dell'attrazione "Pirates of the Caribbean" e sembra di essere immersi in un villaggio caraibico di notte.

Tips:

i menù offrono una bevanda compresa. Per non cadere nel tranello di scegliere l'acqua come bevanda compresa, io vi consiglio di scegliere una bibita e di ordinare la tap water che è gratuita e che corrisponde all'acqua del rubinetto che in Francia è molto pulita (qui dovrebbero darvi una bottiglia e ne potete chiedere quanta ne volete).

Restaurant Agrabah Café (buffet a volontà, €€)

Questo ristorante, in stile di un bazar arabo di Agrabah, offre una ristorazione a buffet. Pagando un fisso è possibile mangiare quello che si vuole e quanto si vuole. Qui vengono serviti piatti marocchini e del Medio Oriente.

Colonel Hathi's Pizza Outpost (ristorazione rapida, €)

In questo ristorante immerso nella natura è possibile gustare pietanze italiane come pasta, lasagne e pizza.

Restaurant Hakuna Matata (ristorazione rapida, €)

Questo ristorante molto tematizzato a tema africano e ispirato a Il Re Leone offre molto spazio per sedersi e mangiare. I menù offrono specialità messicane e africane che comprendono carne, patatine fritte, riso.

Show e incontro con i personaggi

Anche in questa land è possibile incontrare i personaggi. In particolare, in quest'area potrete incontrare personaggi a tema come Aladdin, Jasmin, Jaffar, Abu e il genio. È presente una zona dedicata agli incontri dove si trova la lampada magica di Aladino.
Inoltre, all'uscita da Pirates of the Caribbean potrete incontrare Jack Sparrow.

Per maggiori informazioni sui personaggi che potrete incontrare e sugli show disponibili vi consiglio sempre di consultare l'applicazione di Disneyland Paris.

Frontierland

L'ultima land che compone il parco Disneyland Park è *Frontierland*. Da Central Plaza è il primo varco a sinistra. Entrando da qui, attraverso l'entrata principale, verrete trasportati nel Far West americano del 1800. I temi principali di questa land sono legati al vecchio West, ai confini con il Messico, agli accampamenti indiani e alle case coloniali dell'epoca.

Frontierland è divisa in diverse aree tematiche. La prima consiste nel Fort Comstock, un fortino completamente di legno ispirato al periodo del Far West.
La seconda area, la più maestosa, è quella di Thunder Mesa, una città di minatori costruita ai piedi di una montagna rocciosa chiamata Big Thunder Mountain. Spostandoci verso sinistra rispetto a Big Thunder Mountain, incontriamo la terza area chiamata Boot Hill che si ispira alle case coloniali come la Phantom Manor.
Se, invece, ci dirigiamo verso destra avendo di fronte Big Thunder Mountain entriamo nella quarta zona dedicata al confine con il Messico. Proseguendo sempre dritto troveremo la quinta zona chiamata Cottonwood Creek Ranch in cui il tema principale è quello delle grandi fattorie dell'epoca.

Attrazioni

Phantom Manor (per famiglie)

Una delle attrazioni storiche dei parchi Disney nel mondo e assolutamente da non perdere nella vostra visita a Disneyland Park. Avventuratevi nel maniero infestato dai fantasmi della famiglia Ravenswood. La storia narra di Henry Ravenswood, proprietario della Thunder Mesa Mining Company e padre di Melanie, che voleva impedire a tutti i costi il fidanzamento della figlia, uccidendo uno ad uno i quattro pretendenti fino al giorno di un terremoto che uccise sia il padre che la figlia. Ora Melanie, Henry e gli abitanti di Thunder Mesa infestano in maniero come fantasmi.

Tips:

se alla coda risultano 13 minuti, in realtà non c'è coda ma richiama il numero sventurato 13. Inoltre, è perfetta per ripararsi dal sole, dalla pioggia o dal freddo.

Thunder Mesa Riverboat Landing (per famiglie)

Crociera a bordo di due autentici battelli con ruote a pale del diciannovesimo secolo, la Mark Twain e la Molly Brown, attorno a Big Thunder Mountain e ai fiumi del Far West.

Big Thunder Mountain (emozioni forti)

Una delle attrazioni più amate del parco e con spesso diversi minuti di coda. Si tratta di un roller coaster mine train adatto a tutta la famiglia che vi immergerà nella vita da minatori della Big Thunder Mining Company. Big Thunder Mountain, presente a Disneyland Park di Parigi, è l'unica dei parchi Disney ad essere stata costruita su una vera e propria montagna in mezzo al lago, regalando così scorci mozzafiato di Frontierland ma anche del parco stesso (si riesce a vedere perfino la Tower of Terror dei Walt Disney Studios).

Tips:

essendo una delle attrazioni più amate del parco spesso le code sono abbastanza lunghe. Consiglio di scegliere questa attrazione come una delle prime della giornata per evitare code troppo lunghe. È comunque presente il Disney Premier Access per saltare la coda ma ovviamente è a pagamento.

Frontierland Playground (per i più piccoli)

Area giochi per bambini immersa in paesaggi del West con giostre a tema indiani.

Ristoranti

I ristoranti presenti all'interno di Disneyland Park e di Walt Disney Studios sono suddivisi in tre categorie: servizio al tavolo (€€€), buffet a volontà (€€) e ristorazione rapida (€).

I ristoranti con servizio al tavolo sono i ristoranti che permettono di ordinare alla carta le pietanze più ricercate e i menù più particolari studiati e realizzati dagli chef di Disneyland Paris e sono anche quelli più cari. In questi ristoranti è molto consigliata dal sottoscritto la prenotazione poiché si rischia di non trovare posto senza di essa; il processo di prenotazione verrà illustrato in seguito nel capitolo dedicato.

I ristoranti con buffet a volontà permettono, con una spesa fissa per il menù, di mangiare quello che si vuole e quanto si vuole dal buffet messo a disposizione. Anche in questi ristoranti consiglio di prenotare per evitare di non potersi sedere e godersi l'esperienza.

Infine, i ristoranti con ristorazione rapida sono quelli maggiormente diffusi all'interno dei parchi e non necessitano di prenotazione. In alcuni di essi è possibile prenotare in anticipo il cibo per il pick-up, evitando le possibili code negli orari di punta e non solo.

Migliori ristoranti

Silver Spur Steakhouse (servizio al tavolo, €€€)

Questo ristorante, in pieno stile Western, offre carne di alta qualità grigliata sulla brace.

The Lucky Nugget Saloon (servizio al tavolo, €€€)

Ristorante in pieno stile saloon del Far West con all'interno anche un teatro (se sarete fortunati potrete assistere anche allo spettacolo durante la vostra permanenza). A differenza di altri ristoranti con servizio al tavolo, qui dovrete ordinare subito alla cassa il menù scelto tra quelli proposti. Le portate scelte verranno poi portate direttamente al vostro tavolo. Il menù offre Fish&Chips, Hamburger e costine.

Tips:

io scelgo sempre questo ristorante per la bellissima ambientazione, i grandi spazi interni e soprattutto per gustare Fish&Chips (il migliore che fanno nel parco per me è quello di questo ristorante). Non potendo prenotare precedentemente, vi consiglio di mettervi in coda a pranzo abbastanza presto, tipo mezzogiorno, oppure per la cena nel tardo pomeriggio, tipo le 19, per evitare le lunghe code fuori dal locale.

Fuente del Oro Restaurante (ristorazione rapida, €)

Fast Food che offre specialità tex-mex dell'America sud-occidentale in una ambientazione tipica messicana.

Show e incontro con i personaggi

Presso il Frontierland Theater, situato nella zona vicino alla stazione del treno, è possibile assistere allo show "Il Re Leone: Rhythms of the Pride Lands": show dedicato al mondo del Re Leone con performance di ballerini, acrobati, cantanti, …

Per maggiori informazioni sui personaggi che potrete incontrare e sugli show disponibili vi consiglio sempre di consultare l'applicazione di Disneyland Paris.

Walt Disney Studios Park

Il secondo parco che compone Disneyland Paris è il Walt Disney Studios Park. Questo parco venne inaugurato 10 anni dopo l'inaugurazione del Disneyland Park, più precisamente il 16 marzo 2002, con un tema dedicato principalmente a quello dello studio cinematografico rappresentato dalle diverse ambientazioni e attrazioni tematiche.

Questo parco sarà soggetto a numerose novità nel corso dei prossimi anni grazie alla creazione di una nuova zona, ora in costruzione, che comprenderà diverse nuove aree tematiche legate al mondo di Frozen e, forse, a quello di Star Wars. L'area tematica dedicata al mondo di Frozen è già in costruzione come anche la nuova area tematica generale che aprirà nei prossimi anni (circa tra il 2026 e il 2027).
Include, però, già la nuova area tematica dedicata agli Avengers della Marvel, una esclusiva di pochi parchi Disney nel mondo, inaugurata nel luglio del 2022 e che ho potuto visitare a pochi giorni dall'inaugurazione.

Inoltre, in questo parco sono state aggiunte negli anni le nuove attrazioni che stanno facendo crescere un parco che era nato un po' sottotono rispetto agli standard Disney.

A differenza di Disneyland Park, il Walt Disney Studios Park non è composto da delle vere e proprie land, anche se negli ultimi anni possiamo identificarne almeno due, ma da delle zone visto anche la sua dimensione più ridotta.

Front Lot

Il Front Lot costituisce l'ingresso del parco Walt Disney Studios. Oltrepassati, quindi, i cancelli di ingresso per la convalida del biglietto vi troverete nella piazza "La Place des Frères Lumière" con al centro la fontana che immortala la famosa scena di Fantasia di Topolino Apprendista Stregone. Alle sue spalle è presente l'enorme capannone Disney Studio 1 che vi farà immergere nel mondo della Hollywood degli anni '20 prima di entrare all'interno del parco vero e proprio.
Dalla piazza, inoltre, è possibile ammirare l'imponente torre dell'acqua, la "Earffel Tower", una fedele riproduzione della vera torre dell'acqua presente nella sede originale dei Walt Disney Studios a Burbank.

Attrazioni

In questa zona di transizione tra la biglietteria e il parco non sono presenti delle attrazioni vere e proprie ma nella piazza e nel Disney Studio 1 potrete trovare negozi, servizi e ristoranti.
Il Disney Studio 1 è un ottimo luogo per fare dello shopping di merchandise legato ai film del mondo Disney e non solo e offre un grande ristorante fast food.

Ristoranti

I ristoranti presenti all'interno di Disneyland Park e di Walt Disney Studios sono suddivisi in tre categorie: servizio al tavolo (€€€), buffet a volontà (€€) e ristorazione rapida (€).

I ristoranti con servizio al tavolo sono i ristoranti che permettono di ordinare alla carta le pietanze più ricercate e i menù più particolari studiati e realizzati dagli chef di Disneyland Paris e sono anche quelli più cari. In questi ristoranti è molto consigliata dal sottoscritto la prenotazione poiché si rischia di non trovare posto senza di essa; il processo di prenotazione verrà illustrato in seguito nel capitolo dedicato.

I ristoranti con buffet a volontà permettono, con una spesa fissa per il menù, di mangiare quello che si vuole e quanto si vuole dal buffet messo a disposizione. Anche in questi ristoranti consiglio di prenotare per evitare di non potersi sedere e godersi l'esperienza.

Infine, i ristoranti con ristorazione rapida sono quelli maggiormente diffusi all'interno dei parchi e non necessitano di prenotazione. In alcuni di essi è possibile prenotare in anticipo il cibo per il pick-up, evitando le possibili code negli orari di punta e non solo.

Migliori ristoranti

Restaurant en Coulisse (ristorazione rapida, €)

Questo ristorante fast food si trova all'interno del Disney Studio 1 ed offre menù con hamburger, hot dog, pizza, …

Tips:

All'interno del Walt Disney Studios Park non sono presenti moltissimi ristoranti e questo fast food è un'ottima soluzione. Infatti, offre un'ampia scelta di cibo, si trova al coperto e offre molto spazio a sedere diviso nel piano terra e nel piano rialzato.
Questo ristorante è ideale per ripararsi dal caldo estivo oppure dalla pioggia poiché al coperto e offre anche la possibilità di ordinare il cibo per il pick-up, evitando le lunghe code negli orari di punta.

Show e incontro con i personaggi

È possibile incontrare qualche personaggio in uno spot fotografico all'interno della piazza con la fontana.

Per maggiori informazioni sui personaggi che potrete incontrare e sugli show disponibili vi consiglio sempre di consultare l'applicazione di Disneyland Paris.

Toon Studio

Oltrepassato il Disney Studio 1 e proseguendo verso destra, quando vi troverete di fronte alla statua raffigurante Walt Disney e Topolino, vi ritroverete nella zona di Toon Studio. L'area, come si può intuire dal nome, si ispira al mondo dell'animazione Disney. Quest'area non è ricca di attrazioni ma di spettacoli legati appunto al mondo dell'animazione della Walt Disney Company.

Attrazioni

Les Tapis Volants – Flying Carpets Over Agrabah (per i più piccoli)

Siete pronti a sorvolare la città di Agrabah del classico Aladdin utilizzando i famosi tappeti volanti? Questa attrazione sfrutta lo stesso concetto di Dumbo The Flying Elephant che si trova a Fantasyland.

Show e incontro con i personaggi

Animagique Theater – Mickey and the Magician

Nello Studio 3 sarà possibile assistere allo show Mickey and The Magician dove Topolino si cimenterà nel mondo della magia, incontrando sul suo percorso diversi personaggi dei classici Disney.

Animation Celebration – Frozen: A Musical Invitation

Grazie a questa esposizione interattiva potrete immergervi nel mondo dell'animazione ripercorrendo le tecniche utilizzate per la realizzazione di un cartone animato Disney. Ora ospita anche un'esposizione speciale legata al film di animazione Frozen.

Per maggiori informazioni sui personaggi che potrete incontrare e sugli show disponibili vi consiglio sempre di consultare l'applicazione di Disneyland Paris.

Worlds of Pixar

Proseguendo oltre sempre verso destra vi ritroverete nella zona dedicata ai film di animazione Pixar. Questa zona comprende molte attrazioni ed esperienze legate ai più famosi film della storia Pixar come Alla ricerca di Nemo, Toy Story, Cars, Ratatouille. All'interno dell'area è presente anche una zona dedicata esclusivamente al mondo di Toy Story dal nome Toy Story Playland.

Attrazioni

Cars Quatre Roues Rallye (per i più piccoli)

Salite a bordo delle macchine di Cars per un giro spericolato. Posso sembrare delle normali "tazze" rotanti ma vi accorgere che potrebbero cambiare direzione ...

Tips:

attrazione poco considerata ma molto divertente per una rivisitazione delle classiche "tazze" come Mad Hatter's Tea Cups presenti a Fantasyland ma con un brivido in più.

Crush's Coaster (emozioni forti)

Pronti a farvi trasportare da gusci di tartaruga nella Corrente Orientale Australiana? Questo roller spinning coaster vi trasporterà nel mondo di Alla ricerca di Nemo con un'avventura adrenalinica.

Tips:

questa attrazione, purtroppo, ha un problema di portata oraria. Infatti, i treni del roller coaster possono caricare solamente 4 persone alla volta e nella zona di carico viaggiano molto lentamente. Questo porta ad avere sempre code molto lunghe. Se avete intenzione di fare questa attrazione, vi consiglio di farla come prima scelta della giornata. È presente anche l'ingresso Single Rider ma che comunque non vi permette di evitare di troppo la coda. È presente, infine, anche l'ingresso Disney Premier Access a pagamento per saltare un po' di coda.

Ratatouille: L'Aventure Totalement Toquée de Remy (per famiglie)

Se avete sempre voluto capire come un topo può vedere il mondo, questa è l'attrazione che fa per voi. Entrerete nel mondo di Remy e vi rimpicciolirete nelle dimensioni di un topo per vivere un'avventura 3D all'interno del ristorante parigino Gusteau's.

Tips:

una delle attrazioni più coinvolgenti e tecnologicamente avanzate del parco, sicuramente da fare almeno una volta durante la vostra visita. Di solito c'è abbastanza coda ma se non avete problemi a dividervi durante l'attrazione, la fila Single Rider vi porterà in poco tempo alla banchina di carico, evitando le lunghe code.

Cars ROAD TRIP (per famiglie)

Percorso in una ambientazione bucolica tra alcune scene e personaggi dei film Cars, con una scena altamente cinematografica che vi catapulterà nel bel mezzo del Grand Canyon.

Tips:

attrazione abbastanza deludente per riguarda il contenuto però è perfetta per riposarsi un po' visto che verrete trasportati lungo il percorso da un tram motorizzato e, di solito, non presenta molta coda che viene smaltita molto velocemente vista la grande portata oraria.

Toy Soldiers Parachute Drop (per famiglie)

Per i meno temerari che non se la sentono di provare le forti emozioni della Tower of Terror, questa attrazione è una buona alternativa divertente e alla portata di tutti. Vi ritroverete nel campo di addestramento dei soldatini di Toy Story e tramite dei paracaduti verrete fatti salire fino a 25 metri per poi cadere dolcemente fino a terra.

Slinky Dog Zigzag Spin (per i più piccoli)

Salite in groppa del cane molla Slinky di Toy Story per questa corsa. L'attrazione è una classica giostra con rotazione rispetto ad un punto centrale.

RC Racer (emozioni forti)

Una corsa molto adrenalinica a bordo di una macchinina radiocomandata del mondo di Toy Story che vi porterà fino a 25 metri di altezza in una corsa su e giù per un percorso a semicerchio.

Tips:

attrazione molto adrenalinica ma anche molto divertente, ovviamente per i più temerari.

Ristoranti

I ristoranti presenti all'interno di Disneyland Park e di Walt Disney Studios sono suddivisi in tre categorie: servizio al tavolo (€€€), buffet a volontà (€€) e ristorazione rapida (€).

I ristoranti con servizio al tavolo sono i ristoranti che permettono di ordinare alla carta le pietanze più ricercate e i menù più particolari studiati e realizzati dagli chef di Disneyland Paris e sono anche quelli più cari. In questi ristoranti è molto consigliata dal sottoscritto la prenotazione poiché si rischia di non trovare posto senza di essa; il processo di prenotazione verrà illustrato in seguito nel capitolo dedicato.

I ristoranti con buffet a volontà permettono, con una spesa fissa per il menù, di mangiare quello che si vuole e quanto si vuole dal buffet messo a disposizione. Anche in questi ristoranti consiglio di prenotare per evitare di non potersi sedere e godersi l'esperienza.

Infine, i ristoranti con ristorazione rapida sono quelli maggiormente diffusi all'interno dei parchi e non necessitano di prenotazione. In alcuni di essi è possibile prenotare in anticipo il cibo per il pick-up, evitando le possibili code negli orari di punta e non solo.

Migliori ristoranti

Bistrot Chez Rémy (servizio al tavolo, €€€)

Ristorante con servizio al tavolo che si trova all'interno dell'attrazione Ratatouille: L'Aventure Totalement Toquée de Remy. Questo ristorante si ispira al ristorante dei topi presente nel film di animazione e, infatti, verrete rimpiccioliti come topi e all'interno sarete circondati da attrezzi da cucina dalle enormi dimensioni. Il ristorante offre cucina tradizionale francese da bistrot.

Show e incontro con i personaggi

È possibile incontrare qualche personaggio all'interno della zona.

Per maggiori informazioni sui personaggi che potrete incontrare e sugli show disponibili vi consiglio sempre di consultare l'applicazione di Disneyland Paris.

Production Courtyard

Quest'area è dedicata al tema di Hollywood e della produzione cinematografica e si trova proseguendo a sinistra della statua con Walt Disney e Topolino, dopo essere usciti dal Disney Studio 1. In questa zona è presente la Hollywood Boulevard, che riproduce le strade di Hollywood, e La Place des Stars, che riprende il tema dei set cinematografici.

Attrazioni

The Twilight Zone Tower of Terror (emozioni forti)

Attrazione ispirata alla serie televisiva "Ai confini della realtà" (The Twilight Zone) che vi porterà a rivivere un avvenimento misterioso avvenuto all'interno dell'hotel nel 1939 dove 5 persone, che si trovano all'interno dell'ascensore che li stava portando alla loro stanza, sono scomparsi dopo che un fulmine ha colpito l'hotel.

Tips:

è una delle mie attrazioni preferite all'interno di Disneyland Paris ma riconosco che non è per tutti. Infatti, è un'attrazione veramente molto adrenalinica e non è simile a nessun tipo di torre a caduta verticale che ho mai provato nei diversi parchi che ho visitato nel mondo. Sicuramente è un'esperienza che potrete provare solo qui.

Show e incontro con i personaggi

Studio Theater

Teatro che ospita spesso diversi tipi di spettacoli. Per sapere cosa è presente nel momento della vostra visita, consultate l'app di Disneyland Paris.

Stitch Live!

Spettacolo interattivo che permette agli spettatori di interagire attivamente con Stitch, proiettato su uno schermo.

Studio D

Studio situato nella stessa struttura dello spettacolo Stitch Live! Ora in programmazione lo spettacolo "La Fabbrica dei Sogni Disney Junior" ma per sapere cosa è presente nel momento della vostra visita, consultate l'app di Disneyland Paris.

È possibile incontrare qualche personaggio all'interno della zona.

Per maggiori informazioni sui personaggi che potrete incontrare e sugli show disponibili vi consiglio sempre di consultare l'applicazione di Disneyland Paris.

Marvel Avengers Campus

Proseguendo oltre la Tower of Terror, arriverete alla zona più nuova del parco aperta nell'estate del 2022: il Marvel Avengers Campus. Questa zona, presente anche a Disneyland in California e ad Hong Kong con ognuna alcune attrazioni esclusive, vi trasporterà all'interno del mondo Marvel e dei suoi supereroi. Il luogo perfetto per tutti gli appassionati del mondo Marvel ma non solo poiché è un'area molto tematizzata e molto immersiva che, chiaramente, merita di essere visitata.

Attrazioni

Avengers Assemble: Flight Force (emozioni forti)

In questo roller coaster volerete nello spazio profondo insieme ad Iron Man e Captain Marvel per salvare il mondo da una minaccia intergalattica. L'attrazione si trova all'interno dell'edificio che integra l'intelligenza artificiale, sviluppata da Tony Stark, F.R.I.D.A.Y. che parla anche con i visitatori del campus.

Tips:

coda molto tematizzata e molto bella. Inoltre, il pre-show integra una dei più evoluti Animatronics sviluppati da Disney, in questo caso quello di Iron Man. Vi consiglio, quindi, anche se non volete fare l'attrazione, di fare la coda e, nel caso, chiedere al personale che non volete imbarcarvi. Se sceglierete la coda Single Rider, vi perderete il pre-show con l'Animatronic di Iron Man quindi vi consiglio, almeno per la prima volta, di fare la coda normale.

Spider-Man W.E.B Adventure (per famiglie)

Avete mai sognato di poter lanciare ragnatele dai vostri polsi come Spider-Man? Beh, in questa attrazione molto tecnologica potrete farlo. Infatti, dovrete aiutare Peter Parker a salvare il campus dagli Spider-Bots che si stanno moltiplicando e stanno prendendo il controllo. Grazie a dei veicoli molto avanzati che tracceranno i movimenti delle vostre braccia, potrete sparare ragnatele per colpire vari bersagli e aiutare Spider-Man.

Tips:

una delle attrazioni più belle, secondo me, dei Walt Disney Studios e anche una delle più divertenti perché dovrete collaborare con i vostri compagni di veicolo per raggiungere il maggior punteggio possibile che potrebbe essere inserito nei migliori punteggi della giornata, esposti all'uscita dell'attrazione prima dello shop.

Ristoranti

I ristoranti presenti all'interno di Disneyland Park e di Walt Disney Studios sono suddivisi in tre categorie: servizio al tavolo (€€€), buffet a volontà (€€) e ristorazione rapida (€).

I ristoranti con servizio al tavolo sono i ristoranti che permettono di ordinare alla carta le pietanze più ricercate e i menù più particolari studiati e realizzati dagli chef di Disneyland Paris e sono anche quelli più cari. In questi ristoranti è molto consigliata dal sottoscritto la prenotazione poiché si rischia di non trovare posto senza di essa; il processo di prenotazione verrà illustrato in seguito nel capitolo dedicato.

I ristoranti con buffet a volontà permettono, con una spesa fissa per il menù, di mangiare quello che si vuole e quanto si vuole dal buffet messo a disposizione. Anche in questi ristoranti consiglio di prenotare per evitare di non potersi sedere e godersi l'esperienza.

Infine, i ristoranti con ristorazione rapida sono quelli maggiormente diffusi all'interno dei parchi e non necessitano di prenotazione. In alcuni di essi è possibile prenotare in anticipo il cibo per il pick-up, evitando le possibili code negli orari di punta e non solo.

Migliori ristoranti

PYM Kitchen (buffet a volontà, €€)

In questo ristorante a buffet entrerete all'interno del laboratorio di Hank Pym (dal film Ant Man) per assaporare cibi di ogni tipo con dimensioni decisamente strane: rimpiccioliti oppure ingranditi grazie alla sua invenzione.

Tips:

uno dei migliori ristoranti all'interno dei parchi, secondo me, perché offre molte varietà di cibo di ottima qualità. Inoltre, l'ambientazione è molto bella. Ottimi anche i cocktail analcolici con uno stile da laboratorio. Ovviamente, consiglio di prenotare con anticipo per trovare posto poiché è uno dei ristoranti più gettonati dei Walt Disney Studios, considerando che non sono presenti molti punti ristoro.

Stark Factory: Pizza & Pasta (ristorazione rapida, €)

Questo ristorante si trova all'interno di un hangar utilizzato da Tony Stark per i suoi esperimenti. Il ristorante offre fette di pizza, piatti di pasta ed insalate.

Tips:

l'ambientazione del ristorante è molto bella come anche il grande Hulk Buster situato all'ingresso. È presente anche una stanza che richiama il passato delle Stark Industries. Vi consiglio di fare comunque un giro all'interno anche se non mangerete qui poiché offre molti spunti per i più appassionati del mondo Marvel.

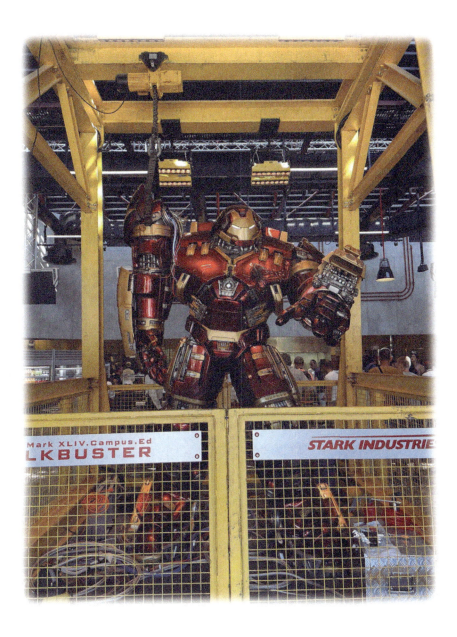

Show e incontro con i personaggi

In questa zona troverete spesso supereroi Marvel aggirarsi per il campus con cui poter interagire. In particolare, è presente uno show che si svolge sopra l'edificio di Spider-Man W.E.B Adventure e altri che si svolgono nei pressi della piazza del Quinjet.

Per maggiori informazioni sui personaggi che potrete incontrare e sugli show disponibili vi consiglio sempre di consultare l'applicazione di Disneyland Paris.

Hero Training Center

Meet and great con i supereroi Marvel più famosi ed amati. Per poter partecipare, però, è necessario mettersi in coda virtualmente tramite l'applicazione ufficiale di Disneyland Paris.

Gli Hotel

Alloggiare in un Hotel Disney è sicuramente parte dell'esperienza magica che riescono a regalare solamente i parchi Disneyland nel mondo. Oltre ad offrire una tematizzazione molto coinvolgente, diversa per ogni Hotel, offrono anche qualche vantaggio per il visitatore. Questo permette di rimanere all'interno della "bolla Disney" non solo quando si è all'interno dei parchi ma anche nei momenti di relax oppure durante la colazione o la sera.

In particolare, a Disneyland Paris sono presenti sei Hotel ognuno con un tema diverso: dalla Marvel, al tema marittimo fino al tema dei parchi naturali americani.

Vantaggi

Inoltre, alloggiare in un Hotel Disney porta alcuni vantaggi. Per prima cosa, gli Hotel distano massimo 15 minuti a piedi dal parco e sono presenti anche delle navette gratuite che vi porteranno direttamente alle porte del parco senza dover camminare neanche un passo. La distanza tra Hotel e ingresso ai parchi dipende dalla tipologia di Hotel che andrete poi a selezionare, come vedremo successivamente.
Poi spesso all'interno degli Hotel è facile incontrare i personaggi Disney in appositi spazi fotografici così da non dover fare lunghe code di attesa, come all'interno del parco, per una foto con il vostro personaggio preferito. Infine, chi alloggia all'interno di un Hotel Disney ha la possibilità di entrare un'ora prima all'interno del Disneyland Park con un'entrata riservata, evitando le lunghe code dei visitatori che non alloggiano al parco. Entrando un'ora prima all'interno del Disneyland Park vi permetterà di fare magari le attrazioni più gettonate del

parco con pochi minuti di coda oppure di godervi ancora di più l'atmosfera magica del parco, visto le poche persone presenti.

Io ho alloggiato in praticamente quasi tutti gli hotel del parco e vi posso confermare che possono regalare emozioni e prolungare la magia Disney anche al di fuori dei parchi.

Disneyland Hotel (5 stelle, $$$$)

Il Disneyland Hotel è l'hotel più lussuoso in cui si può alloggiare all'interno di Disneyland Paris. La sua particolarità è quella di essere praticamente all'interno del Disneyland Park con una imponente struttura dal caratteristico colore rosa chiaro e bianco e con il caratteristico orologio che indica l'ora grazie alle braccia di Topolino.

In questo Hotel ora è in corso una ristrutturazione completa che terminerà nel 2024 con la sua inaugurazione al nuovo tema. In precedenza, il tema principale dell'Hotel era l'epoca vittoriana americana, ma con il nuovo restyling il tema sarà legato al mondo delle principesse e dei principi Disney. La tematizzazione riguarderà sia le storie dei principi e delle principesse Disney più classiche come Cenerentola, La Bella e la Bestia, o La Bella Addormentata ma anche quelle più recenti come Frozen e Rapunzel.

La particolarità di questo Hotel è quindi l'estrema vicinanza agli ingressi di entrambi i parchi, del lusso legato non solo alle camere da letto ma anche all'arredamento, ai ristoranti e a piccole chicche come la colazione con i personaggi Disney.

Tips:

prima della completa ristrutturazione di questo splendido Hotel io ho avuto la possibilità di alloggiare diverse volte e vi posso assicurare come può regalarvi un'atmosfera davvero magica anche grazie alla presenza costante di personaggi Disney per i corridoi o in diverse zone dell'Hotel come durante la colazione.

Disney Hotel New York – The Art of Marvel (4 stelle, $$$)

Questo Hotel si trova attorno al Lake Disney, nelle vicinanze del Disney Village, a circa 10 minuti a piedi dal parco. È presente anche una navetta gratuita che in circa 8 minuti vi può portare alle porte del parco senza dover camminare.

Anche questo Hotel ha subito di recente un completo rinnovamento portandolo dal semplice tema di New York ad un tema legato alle storie e ai personaggi Marvel. Per gli appassionati del mondo Marvel questo è l'Hotel perfetto. Infatti, nella struttura sono presenti più di 350 opere d'arte ispirate al mondo Marvel sparse per i corridoi, le stanze e le camere da letto. Nella hall dell'Hotel sono presenti alcune armature di Iron Man e alcuni scudi di Capitan America e in giro per l'Hotel sono presenti altri oggetti legati ai personaggi Marvel più amati.

I ristoranti presenti all'interno dell'Hotel, prenotabili ed utilizzabili anche da chi non vi alloggia, offrono una varietà di scelta culinaria avendo come base la cucina di New York.
Una delle particolarità di questo Hotel, oltre sicuramente alle opere d'arte legate al mondo Marvel, è lo Skyline Bar che vi darà l'illusione di essere veramente nella città di New York con lo sfondo dello skyline, che cambia in base all'ora del giorno, e della Stark Tower: magari potrete vedere Iron Man sfrecciare per lo skyline ...

Tips:

uno degli Hotel più nuovi del parco, merita sicuramente una visita anche per coloro che non vi alloggiano. Sicuramente da visitare la hall dell'Hotel come anche passeggiare per i corridoi per ammirare le opere d'arte Marvel e magari prendervi un cocktail allo Skyline Bar.

Disney Newport Bay Club (4 stelle, $$$)

Questo Hotel si trova attorno al Lake Disney, nelle vicinanze del Disney Village, a circa 15 minuti a piedi dal parco. L'Hotel si trova dalla parte opposta del lago rispetto al Disney Hotel New York – The Art of Marvel. È presente anche una navetta gratuita che in circa 8 minuti vi può portare alle porte del parco senza dover camminare.

Il tema principale di questo Hotel riguarda il mare ed in particolare le avventure marittime di Topolino e Minnie. L'Hotel è decorato con oggetti e particolari che richiamano dettagli nautici degli anni '20.

I ristoranti presenti all'interno dell'Hotel, prenotabili ed utilizzabili anche da chi non vi alloggia, hanno come specialità pietanze legate a sapori mediterranei e di ispirazione marinara.

Disney Sequoia Lodge (3 stelle, $$)

Questo Hotel si trova attorno al Lake Disney, nelle vicinanze del Disney Village, a circa 15 minuti a piedi dal parco (in realtà sono 10 minuti, è molto più vicino al parco di quello che sembra). L'Hotel si trova vicino al Disney Hotel New York – The Art of Marvel. È presente anche una navetta gratuita che in circa 8 minuti vi può portare alle porte del parco senza dover camminare.

Il tema principale di questo Hotel riguarda i grandi parchi nazionali americani. Esso, infatti, è completamente immerso nella natura grazie a enormi pini e sequoie che lo immergono in un'atmosfera rilassante e bucolica.

I ristoranti presenti all'interno dell'Hotel, prenotabili ed utilizzabili anche da chi non vi alloggia, offrono soluzioni a buffet a volontà con una varietà di scelta culinaria.

Disney Hotel Cheyenne (3 stelle, $$)

Questo Hotel si trova a circa 20 minuti a piedi dal parco, posizionato in una zona alle spalle del Disney Hotel New York – The Art of Marvel e del Disney Sequoia Lodge.
È presente anche una navetta gratuita che in circa 8 minuti vi può portare alle porte del parco senza dover camminare.

Il tema principale di questo Hotel è legato al vecchio West e ai personaggi di Woody e Jessie del film Disney Pixar Toy Story.
L'atmosfera di questo Hotel è davvero particolare poiché vi ritroverete all'interno di un classico villaggio americano del Far West con strutture in legno tipiche dell'epoca.

Una particolarità di questo Hotel è la presenza al suo interno di un piccolo Starbucks, ideale per la colazione per coloro che alloggiano in questo Hotel ma non hanno selezionato la colazione nel loro pacchetto.

Tips:

quando ho alloggiato in questo Hotel non avevo selezionato l'opzione colazione nel mio pacchetto quindi ho deciso di usufruire dello Starbucks interno. Questo Starbucks è abbastanza piccolo e nelle ore di punta della colazione può diventare davvero affollato. Vi consiglio quindi, come ho fatto io, di fare colazione nello Starbucks presente all'interno del Disney Village che è molto più grande.

Disney Hotel Santa Fe (2 stelle, $)

Questo Hotel si trova a circa 20 minuti a piedi dal parco, posizionato in una zona alle spalle del Disney Hotel New York – The Art of Marvel e del Disney Sequoia Lodge.
È presente anche una navetta gratuita che in circa 8 minuti vi può portare alle porte del parco senza dover camminare.
Il tema principale di questo Hotel è ispirato alla Route 66 e al film di animazione Disney Pixar Cars.

Una particolarità di questo Hotel è la presenza al suo interno di un piccolo Starbucks, ideale per la colazione per coloro che alloggiano in questo Hotel ma non hanno selezionato la colazione nel loro pacchetto.

Tips:

lo Starbucks presente all'interno dell'Hotel è abbastanza piccolo e nelle ore di punta della colazione può diventare davvero affollato. Vi consiglio quindi, come ho fatto io, di fare colazione nello Starbucks presente all'interno del Disney Village che è molto più grande.

Hotel non Disney

Intorno al parco, nelle città vicine, sono presenti numerosi Hotel che possono fare al caso vostro nel caso in cui vogliate risparmiare un po' nella vostra permanenza a Disneyland Paris.
Io normalmente preferisco alloggiare in un Hotel Disney, ma posso consigliarvi un Hotel non Disney nelle vicinanze del parco che ho provato per un motivo specifico che vi andrò ad illustrare e che è un trucchetto che potrete utilizzare anche voi.
Infatti, ho deciso di alloggiare per una notte in un Hotel nelle vicinanze del parco per evitare di dover pagare inutilmente una notte in un Hotel Disney non potendo sfruttare al meglio l'ingresso ai parchi e pagando una cifra elevata.
La tecnica di alloggiare in un Hotel nelle vicinanze del parco è utile da utilizzare quando, per esempio in base al vostro volo di arrivo, arrivate in Francia non in mattinata ma nel pomeriggio e nel tardo pomeriggio. Alloggiando una notte in uno di questi Hotel potrete sfruttare una prenotazione in un Hotel Disney al 100% presentandovi al check-in molto presto la mattina della vostra prenotazione, sfruttando anche la visita ai parchi per un intero giorno invece di sprecare magari mezza giornata e non godendo a pieno del biglietto.

Se quindi, in base alla prenotazione del vostro volo aereo o del vostro treno o arrivo in auto, avete un orario di arrivo non nelle prima ore della mattina, io vi consiglio di prenotare il vostro pacchetto in un Hotel Disney dal giorno successivo, alloggiare una notte in un Hotel non Disney ed effettuare poi il check-in il giorno corretto nella prime ore del mattino per sfruttare al massimo la vostra visita e il vostro biglietto.

L'Hotel che ho utilizzato io per questa pratica è nuovissimo e si trova a Serris e si chiama Eklo Marne La Vallée.
Questo Hotel si trova a circa 10 minuti di macchina o Uber dal Disney Village e quindi è veramente vicino all'ingresso dei parchi.
È possibile raggiungere Disneyland Paris anche utilizzando la vicina fermata dell'autobus 47 che in circa 20 minuti vi porterà all'ingresso dei parchi Disney.

Come arrivare

Disneyland Paris è facilmente raggiungibile sia dall'aeroporto che dal centro di Parigi. Infatti, i parchi si trovano a 45 km dal centro di Parigi, a circa un'ora di navetta dagli aeroporti e a qualche minuto dalla stazione di Marne-la-Vallée/Chessy.

Raggiungere Disneyland Paris dall'aeroporto

Recarsi a Disneyland Paris è molto semplice. I due aeroporti che sono collegati direttamente con i parchi sono l'aeroporto di Parigi Charles de Gaulle e quello di Orly con un volo della durata di circa un'ora e mezza. Io consiglio di atterrare all'aeroporto di Parigi Charles de Gaulle perché è quello meglio servito per quanto riguarda le metodologie di trasporto per recarvi ai parchi Disney, come vedremo di seguito. Ecco le diverse metodologie che vi permetteranno di arrivare comodamente alle porte dei parchi oppure direttamente al vostro Hotel Disney che avete prenotato.

Magic Shuttle

Il Magic Shuttle è la navetta ufficiale che vi permetterà di raggiungere Disneyland Paris e gli Hotel in circa un'ora ma tutto dipende dall'Hotel in cui alloggiate poiché effettuerà diverse fermate, sia alle porte del parco ma anche in ogni Hotel Disney.

Da e per l'aeroporto di Parigi Charles de Gaulle questa soluzione ha un costo di 24€ a tratta per gli adulti e di 11€ a tratta per i bambini ed è possibile prenotare il biglietto direttamente dal sito web www.magicalshuttle.it. Con

questa soluzione bisogna avere una certa accortezza perché, durante la fase di prenotazione, non è possibile selezionare l'orario di partenza. Potrebbe capitare che lo shuttle si riempia se non riuscite a prendere quel trasferimento e dovrete aspettare il successivo. Consiglio, quindi, di verificare bene gli orari di partenza, che di solito vengono effettuate una o due corse ogni ora.
Per il trasferimento da Disneyland Paris a Charles de Gaulle l'orario diventa ancora più fondamentale e infatti è consigliato partire verso l'aeroporto circa tre ore e mezza prima dell'orario di check-in del vostro volo, per evitare non arrivare il tempo all'aeroporto.

Se gli orari del vostro volo coincidono con quelli del Magic Shuttle è una valida alternativa per risparmiare qualcosa nel tragitto da e per l'aeroporto di Parigi Charles de Gaulle.

Il Magic Shuttle è disponibile anche da e per l'aeroporto di Parigi Orly agli stessi prezzi.

Taxi/Transfert/Uber

Un altro metodo possibile per raggiungere Disneyland Paris dall'aeroporto di Parigi Charles de Gaulle e di Orly è quello di utilizzare un taxi preso sul posto oppure prenotare in precedenza un transfert privato.
La tratta dall'aeroporto di Parigi Charles de Gaulle a Disneyland Paris ha un costo di circa 70€ e potrebbe sembrare una soluzione più costosa rispetto al Magic Shuttle ma dipende tutto da quanti siete. Infatti, già in tre adulti risulta più economico prenotare un transfert privato oppure prendere un taxi in aeroporto e, come soluzione, è molto più comoda e veloce rispetto al Magic Shuttle.

Inoltre, non vi obbliga ad aspettare l'arrivo del Magic Shuttle, perdendo tempo prezioso che potreste passare all'interno dei parchi, e vi offre maggiore flessibilità anche per gli orari di partenza da e per Disneyland Paris (anche in Hotel Disney è sufficiente chiedere in reception un taxi o un transfert e loro lo chiameranno per voi senza problemi).

Soluzione molto simile è quella di utilizzare Uber per prenotare un transfert da e per l'aeroporto.

Treno veloce

Utilizzare il treno per raggiungere Disneyland Paris dall'aeroporto di Parigi Charles de Gaulle è il mio metodo preferito perché costa leggermente di più rispetto al Magic Shuttle ma ci impiega molto meno ad arrivare ai parchi, facendo risparmiare tempo da dedicare alla magia Disney.

La soluzione è utilizzare il treno veloce TGV che parte direttamente dalla stazione presente all'interno dell'aeroporto di Charles de Gaulle e in 10 minuti arriva direttamente alla stazione di Disneyland Paris (si chiama Marne-la-Vallée Chessy). Il biglietto del treno ha un costo di 35€ a tratta con il vantaggio di arrivare immediatamente al parco.
Ovviamente è sempre meglio consultare prima gli orari di partenza del treno dal sito ufficiale www.sncf-connect.com oppure, come faccio io, utilizzando il servizio Trainline sia per consultare gli orari che per prenotare i biglietti, anche se la frequenza di treni dovrebbe essere abbastanza elevata.
I biglietti possono essere comprati sia online oppure in loco tramite la biglietteria oppure le macchinette.

Per raggiungere la stazione dei treni nell'aeroporto di Parigi Charles de Gaulle basterà seguire le indicazioni per i treni, mentre la stazione a Disneyland Paris si trova vicinissima al Disney Village.

Treno/mezzi pubblici

Per raggiungere Disneyland Paris è possibile utilizzare anche i mezzi pubblici e i treni non ad alta velocità. In questo caso il costo del biglietto scende di molto, circa 6€, ma aumenta notevolmente il tempo impiegato.
I biglietti possono essere comprati sia online oppure in loco tramite la biglietteria oppure le macchinette.

Raggiungere Disneyland Paris con il treno dall'Italia

Oltre ad utilizzare l'aereo come mezzo di trasporto, è possibile raggiungere Disneyland Paris utilizzando il treno ad alta velocità. In particolare, è possibile utilizzare il Frecciarossa 1000, in partenza da Milano Centrale o Torino Porta Susa, per raggiungere la stazione di Parigi Gare de Lyon in circa 7 ore (poi è necessario tenere in considerazione anche il treno per arrivare effettivamente a Disneyland Paris che ci impiega circa 45 minuti). Inoltre, sono disponibili anche i treni SNCF o TGV INOUI, in partenza da Milano Porta Garibaldi o Torino Porta Susa, per raggiungere la stazione di Parigi Gare de Lyon.

Raggiungere Disneyland Paris da Parigi

Per raggiungere Disneyland Paris da Parigi la soluzione più comoda, veloce ed economica è quella di utilizzare la linea A della RER che vi porterà alla stazione di Marne-la-Vallée/Chessy/ParcsDisneyland in circa 45 minuti.

Tips:

la fermata dei parchi Disney è segnalata con un'icona delle orecchie di Topolino, così da non sbagliare.

Prenotare il soggiorno e utilizzare l'applicazione

In questo capitolo andremo a scoprire come prenotare il soggiorno in un Hotel oppure solamente i biglietti di ingresso ai parchi e ad utilizzare al meglio l'app ufficiale di Disneyland Paris per prenotare ristoranti e ingressi prioritari alle attrazioni.

Prenotare i biglietti

Se avete prenotato un pacchetto vacanza in un Hotel di Disneyland Paris questa sezione non fa per voi poiché i biglietti per i giorni del vostro soggiorno sono già compresi nel prezzo della prenotazione e vi verranno consegnati al check-in in Hotel.

Per coloro, invece, che non hanno prenotato in un Hotel Disney o che hanno deciso di visitare il parco spostandosi da Parigi, è necessario acquistare i biglietti di ingresso. Per acquistare i biglietti di ingresso ai parchi è sufficiente consultare il sito ufficiale di Disneyland Paris e recarsi nella sezione "Prenota il tuo viaggio" e poi "Prenota i Biglietti per i Parchi Disney".

Esistono due tipologie di biglietti: i biglietti datati e i biglietti non datati. I primi, come suggerisce il nome, sono dei biglietti che vengono acquistati e sono validi solo per il o i giorni scelti, selezionati durante la procedura di prenotazione e acquisto.
I biglietti non datati, invece, sono leggermente più cari dei precedenti ma hanno validità di 1 anno e comunque sarà necessario registrarli per una data specifica una volta che si vorranno utilizzare. Per registrare un biglietto è possibile utilizzare l'applicazione ufficiale oppure il sito ufficiale all'indirizzo www.disneylandparis.com/it-it/registra-biglietti/ .

Il costo dei biglietti varia in base alla stagione, all'affluenza ai Parchi e al numero di giorni e al numero di parchi da visitare (1 o 2 Parchi e da 1 a 4 giorni).
I biglietti datati possono essere annullati fino a 3 giorni prima dell'arrivo e rimborsati.

Prenotare il soggiorno in un Hotel Disney

Per prenotare il vostro pacchetto vacanza in un Hotel Disney è possibile utilizzare il sito web ufficiale di Disneyland Paris dalla sezione "Prenota il tuo viaggio" e poi "Pacchetto Hotel + Biglietti".

In questa sezione sarà possibile prenotare il vostro soggiorno in uno degli Hotel Disney, di cui abbiamo già parlato in precedenza, impostando le date di arrivo e partenza, gli ospiti per camera e l'Hotel in cui desiderate soggiornare.

Ogni prenotazione di un pacchetto vacanza in un Hotel Disney include già il prezzo dei biglietti per i due Parchi per tutte le persone della prenotazione, già datati in base alle date di check-in e check-out impostate.

Durante il processo di prenotazione sarà possibile aggiungere la colazione a buffet e le formule per i pasti a mezza pensione oppure pensione completa. Queste opzioni non sono obbligatorie e, di base, la prenotazione comprende solamente l'alloggio e i biglietti.
Con mezza pensione o pensione completa potrete pranzare o cenare in ogni ristorante all'interno dei due

parchi utilizzano semplicemente il vostro badge. Se utilizzerete questa opzione vi consiglio comunque di prenotare con largo anticipo i posti nei ristoranti per evitare di non poter cenare oppure di dover attendere molto.

Il pagamento del vostro pacchetto vacanza può essere fatto in un'unica opzione, al momento della prenotazione, oppure è possibile saldare la cifra in 6 comode rate senza interessi da saldare completamente 10 giorni prima dell'arrivo.
Questa opzione è molto comoda anche solo per bloccare il prezzo di un Hotel poiché questi pacchetti vacanza sono rimborsabili completamente in caso di annullamento fino a 7 giorni prima dell'arrivo.

Tips:

sul sito web ufficiale di Disneyland Paris esiste anche un comodissimo strumento che vi permetterà di verificare in anticipo il prezzo della vostra selezione di giorni, camere ed Hotel con prezzi legati ai giorni sul calendario, non solo quelli della vostra visita. Questo vi permetterà di decidere, magari, il periodo più economico per prenotare il vostro soggiorno. Questa funzionalità è presente nella sezione "Hotel" e poi "Trova il momento ideale per il tuo soggiorno!"

Prenotare i ristoranti

Prenotare i ristoranti prima del vostro soggiorno è un'azione fondamentale per evitare di non trovare posto durante la vostra visita, nei ristoranti con servizio al tavolo o con l'opzione di buffet a volontà.
Prenotare molto prima i ristoranti vi sembrerà un'operazione abbastanza strana ma, fidatevi, che potreste lo stesso trovare già poca disponibilità molti mesi prima del vostro arrivo.

Con una prenotazione di un pacchetto vacanza è possibile prenotare i ristoranti fino a 12 mesi prima del vostro arrivo a Disneyland Paris, dal giorno di conferma della prenotazione, o fino a 2 mesi prima per coloro che registrano un biglietto all'interno dell'applicazione.

La prenotazione dei ristoranti è molto semplice e deve essere eseguita tramite l'utilizzo dell'applicazione ufficiale di Disneyland Paris, in cui ritroverete anche il vostro pacchetto vacanza o i vostri biglietti. All'interno dell'app è presente la sezione "Pasti" dove potrete vedere quali ristoranti offrono la prenotazione ed effettuare direttamente la prenotazione inserendo l'orario e il numero di persone.

Mangiare a Disneyland Paris

Prenota un tavolo, cerca ristorante per tipo di cucina o specialità esclusive Disneyland Paris... Inizia il tuo viaggio Disneylizioso!

🍴 RISTORANTI PRENOTABILI

Bistrot Chez Rémy

Parco Walt Disney Studios

€€   Francese

Home   Acquista   Mappa   **Pasti**   Account

Mobile order

Da questa sezione è possibile anche preordinare piatti e bevande per quei ristoranti o chioschi che lo permettono. Questa operazione potrà essere effettuata solamente all'interno del parco il giorno della vostra visita ed è un piccolo trucco per evitare le lunghe code che si formano alle casse. Infatti, chi prenoterà il cibo e le bevande tramite questa soluzione sarà servito in una zona dedicata.

Utilizzare l'applicazione

Come abbiamo già spiegato, l'applicazione risulta fondamentale per poter prenotare con anticipo il posto al ristorante oppure per preordinare cibo e bevande da alcuni ristoranti e chioschi il giorno della vostra visita.

L'applicazione è fondamentale anche per visualizzare in tempo reale i tempi di attesa alle varie attrazioni, per verificare gli orari di apertura e chiusura dei due Parchi, la chiusura per ristrutturazione di eventuali attrazioni prima del vostro arrivo e gli orari per gli spettacoli e le parate.

Tramite la sezione "Mappa" e con dei comodi filtri è possibile visualizzare le informazioni su attrazioni, spettacoli, ristoranti, negozi, servizi igienici che vi interessano.

Disney Premier Access

Tramite l'applicazione è possibile prenotare anche il Disney Premier Access.
Questo strumento vi permette di prenotare, a pagamento, l'accesso prioritario ad alcune attrazioni all'interno dei due parchi.

I prezzi variano in base all'attrazione e all'affluenza e semplicemente, dopo l'acquisto effettuato nell'applicazione dall'apposita sezione "Acquista Disney Premier Access", vi verrà fornito un QR-Code, da scansionare nella fila dedicata dell'attrazione scelta, che vi permetterà di saltare un bel po' di coda e risparmiare del tempo.

L'opzione di acquisto è disponibile per singola attrazione oppure è presente un pacchetto (Disney Premier Access Ultimate) che vi darà accesso una volta a tutte le attrazioni che hanno questo tipo di servizio. Questa ultima opzione è utile magari per coloro che saranno ai Parchi un solo giorno e vogliono sfruttare al meglio il tempo a loro disposizione.

Scegli tra 2 modi per evitare la fila tradizionale!

Disney Premier Access Ultimate
Accedi alla via rapida una volta su più attrazioni. Disponibilità limitata!

- Da utilizzare una volta su ciascuna attrazione disponibile
- Accedi alla via rapida quando vuoi
- Acquista in anticipo il giorno della tua visita

Disney Premier Access One
Scegli l'attrazione che vuoi provare!

- Da usare una volta sull'attrazione di tua scelta
- Unisciti alla via rapida in una fascia oraria assegnata
- Acquista il giorno della tua visita, nei Parchi Disney

Printed by Amazon Italia Logistica S.r.l.
Torrazza Piemonte (TO), Italy